Adorable Quotes

Journal of
Cute Stuff
My Kid Says

_____

Name

_____

Birth Date

Part of the
Loving Memories Series

C. J. Stark

© 2015 Copyright C.J. Stark All rights reserved.

Disclaimer and Terms of Use:

The author and publisher have strived to be as accurate and complete as possible in the creation of this book, notwithstanding, no warranty nor suitability is implied. The author and publisher assume no liability nor responsibility to any person/entity for any loss or damages arising from the use of information in this book or from entries added by any person/entity.

If found, please contact:
Phone: _____
Email: _____

Adorable Quotes: Cute Stuff My Kid Says

Enjoy entering your favorite quotes by your child; this parents' journal gives you a "speech bubble" to enter the quote – perhaps in color? - and beneath, a place to record the date and background, such as location and situation.

The author's wish for you is that you will create a lovely keepsake and memory book for both you and your child to enjoy reading, both now and in the future.

<u>Adorable Quotes: Cute Stuff My Kid Says</u> comes in a variety of covers to provide choices, and different covers for more than one child. In addition, there's also a series for grandparents: <u>Adorable Quotes: Cute Stuff My Grandkid Says</u>.

C. J. Stark

Date:_____

Background: _____

_____

_____

_____

_____

_____

_____

_____

Date:_____

Background: _____

_____

_____

_____

_____

_____

_____

_____

Date:_____

Background: _____

_____

_____

_____

_____

_____

_____

_____

_____

Date:_____

Background: _____

_____

_____

_____

_____

_____

_____

_____

Date:_____

Background: _____

_____

_____

_____

_____

_____

_____

_____

Date:_____

Background: _____

_____

_____

_____

_____

_____

_____

Date:_____

Background: _____

_____

_____

_____

_____

_____

_____

_____

_____

Date:_____

Background: _____

_____

_____

_____

_____

_____

_____

_____

Date:_____
Background: _____
_____
_____
_____
_____
_____
_____
_____

Date:_____

Background: _____

_____

_____

_____

_____

_____

_____

Date:_____

Background: _____

_____

_____

_____

_____

_____

_____

_____

_____

Date:_____

Background: _____

_____

_____

_____

_____

_____

_____

_____

Date:_____

Background: _____

_____

_____

_____

_____

_____

_____

_____

Date:_____

Background: _____

_____

_____

_____

_____

_____

_____

_____

_____

Date:_____

Background: _____

_____

_____

_____

_____

_____

_____

_____

Date:_____

Background: _____

_____

_____

_____

_____

_____

_____

_____

Date:_____

Background: _____

_____

_____

_____

_____

_____

_____

_____

Date:_____

Background: _____

_____

_____

_____

_____

_____

_____

_____

Date:_____

Background: _____

_____

_____

_____

_____

_____

_____

_____

_____

Date:_____

Background: _____

_____

_____

_____

_____

_____

_____

_____

Date:_____

Background: _____

_____

_____

_____

_____

_____

_____

_____

_____

Date:_____

Background: _____

_____

_____

_____

_____

_____

_____

_____

Date:_____

Background: _____

_____

_____

_____

_____

_____

_____

_____

Date:_____

Background: _____

_____

_____

_____

_____

_____

_____

_____

Date:_____

Background: _____

_____

_____

_____

_____

_____

_____

_____

_____

Date:_____

Background: _____

_____

_____

_____

_____

_____

_____

_____

Date:_____
Background: _____
_____
_____
_____
_____
_____
_____
_____

Date:_____

Background: _____

_____

_____

_____

_____

_____

_____

_____

_____

Date:_____
Background: _____
_____
_____
_____
_____
_____
_____
_____
_____

Date:_____

Background: _____

_____

_____

_____

_____

_____

_____

_____

Date:_____

Background: _____

_____

_____

_____

_____

_____

_____

_____

Date:_____

Background: _____

_____

_____

_____

_____

_____

_____

_____

Date:_____

Background: _____

_____

_____

_____

_____

_____

_____

_____

_____

Date:_____

Background: _____

_____

_____

_____

_____

_____

_____

_____

_____

Date:_____

Background: _____

_____

_____

_____

_____

_____

_____

_____

Date:_____

Background: _____

_____

_____

_____

_____

_____

_____

_____

Date:_____
Background: _____
_____
_____
_____
_____
_____
_____
_____
_____

Date:_____

Background: _____

_____

_____

_____

_____

_____

_____

_____

_____

Date:_____

Background: _____

_____

_____

_____

_____

_____

_____

_____

_____

Date:_____

Background: _____

_____

_____

_____

_____

_____

_____

_____

Date:_____

Background: _____

_____

_____

_____

_____

_____

_____

_____

Date:_____

Background: _____

_____

_____

_____

_____

_____

_____

_____

Date:_____

Background: _____

_____

_____

_____

_____

_____

_____

_____

Date:_____

Background: _____

_____
_____
_____
_____
_____
_____
_____
_____

Date:_____

Background: _____

_____

_____

_____

_____

_____

_____

_____

Date:_____

Background: _____

_____

_____

_____

_____

_____

_____

Date:_____

Background: _____

_____

_____

_____

_____

_____

_____

_____

Date:_____

Background: _____

_____

_____

_____

_____

_____

_____

_____

_____

Date:_____
Background: _____
_____
_____
_____
_____
_____
_____
_____
_____

Date:_____

Background: _____

_____

_____

_____

_____

_____

_____

_____

Date:_____
Background: _____
_____
_____
_____
_____
_____
_____
_____
_____

Date:_____

Background: _____

_____

_____

_____

_____

_____

_____

_____

Date:_____
Background: _____

_____

_____

_____

_____

_____

_____

_____

Date:_____

Background: _____

_____

_____

_____

_____

_____

_____

_____

Date:_____
Background: _____
_____
_____
_____
_____
_____
_____
_____

Date:_____

Background: _____

_____

_____

_____

_____

_____

_____

_____

Date:_____

Background: _____

_____

_____

_____

_____

_____

_____

_____

_____

Date:_____

Background: _____

_____

_____

_____

_____

_____

_____

_____

_____

Date:_____

Background: _____

_____

_____

_____

_____

_____

_____

_____

Date:_____

Background: _____

_____

_____

_____

_____

_____

_____

_____

Date:_____

Background: _____

_____

_____

_____

_____

_____

_____

_____

Date:_____

Background: _____

_____

_____

_____

_____

_____

_____

_____

_____

Date:_____

Background: _____

_____

_____

_____

_____

_____

_____

_____

Date:_____

Background: _____

_____

_____

_____

_____

_____

_____

_____

Date:_____

Background: _____

_____

_____

_____

_____

_____

_____

_____

Date:_____

Background: _____

_____

_____

_____

_____

_____

_____

_____

Date:_____

Background: _____

_____

_____

_____

_____

_____

_____

_____

_____

Date:_____

Background: _____

_____

_____

_____

_____

_____

_____

_____

Date:_____
Background: _____
_____
_____
_____
_____
_____
_____
_____
_____

Date:_____

Background: _____

_____

_____

_____

_____

_____

_____

_____

Date:_____

Background: _____

_____
_____
_____
_____
_____
_____
_____

Date:_____

Background: _____

_____

_____

_____

_____

_____

_____

_____

_____

Date:_____

Background: _____

_____

_____

_____

_____

_____

_____

_____

_____

Date:_____

Background: _____

_____

_____

_____

_____

_____

_____

_____

_____

Date:_____

Background: _____

_____

_____

_____

_____

_____

_____

_____

_____

Date:_____

Background: _____

_____

_____

_____

_____

_____

_____

_____

Date:_____

Background: _____

_____
_____
_____
_____
_____
_____
_____

Date:_____

Background: _____

_____
_____
_____
_____
_____
_____
_____
_____

Date:_____

Background: _____

_____

_____

_____

_____

_____

_____

_____

Date:_____

Background: _____

_____

_____

_____

_____

_____

_____

_____

_____

Date:_____

Background: _____

_____

_____

_____

_____

_____

_____

_____

Date:_____

Background: _____

_____
_____
_____
_____
_____
_____
_____
_____

Date:_____

Background: _____

_____

_____

_____

_____

_____

_____

_____

_____

Date:_____

Background: _____

_____

_____

_____

_____

_____

_____

_____

_____

Date:_____

Background: _____

_____

_____

_____

_____

_____

_____

_____

_____

Date:_____

Background: _____

_____

_____

_____

_____

_____

_____

_____

Date:_____

Background: _____

_____
_____
_____
_____
_____
_____
_____
_____

Date:_____

Background: _____

_____
_____
_____
_____
_____
_____
_____
_____

Date:_____

Background: _____

_____

_____

_____

_____

_____

_____

_____

Date:_____

Background: _____

_____
_____
_____
_____
_____
_____
_____

Date:_____

Background: _____

_____

_____

_____

_____

_____

_____

_____

_____

Date:_____

Background: _____

_____
_____
_____
_____
_____
_____
_____
_____

Date:_____

Background: _____

_____
_____
_____
_____
_____
_____
_____
_____

Date:_____

Background: _____

_____
_____
_____
_____
_____
_____
_____

Date:_____

Background: _____

_____
_____
_____
_____
_____
_____
_____
_____

Date:_____

Background: _____

_____

_____

_____

_____

_____

_____

_____

_____

Date:_____

Background: _____

_____
_____
_____
_____
_____
_____
_____
_____
_____

Date:_____

Background: _____

_____
_____
_____
_____
_____
_____
_____
_____

Date:_____

Background: _____

_____
_____
_____
_____
_____
_____
_____
_____

Date:_____

Background: _____

_____
_____
_____
_____
_____
_____
_____
_____

Date:_____

Background: _____

_____

_____

_____

_____

_____

_____

_____

Date:_____

Background: _____

_____
_____
_____
_____
_____
_____
_____
_____

Date:_____

Background: _____

_____
_____
_____
_____
_____
_____
_____
_____

Date:_____

Background: _____

_____
_____
_____
_____
_____
_____
_____
_____

Date:_____
Background: _____
_____
_____
_____
_____
_____
_____
_____

Date:_____

Background: _____

_____
_____
_____
_____
_____
_____
_____
_____

Date:_____

Background: _____

_____

_____

_____

_____

_____

_____

_____

Date:_____

Background: _____

_____
_____
_____
_____
_____
_____
_____
_____

Date:_____

Background: _____

_____
_____
_____
_____
_____
_____
_____
_____

Date:_____

Background: _____

_____

_____

_____

_____

_____

_____

_____

_____

Date:_____

Background: _____

_____
_____
_____
_____
_____
_____
_____
_____
_____

Date:_____

Background: _____

_____

_____

_____

_____

_____

_____

_____

_____

Date:_____

Background: _____

_____

_____

_____

_____

_____

_____

_____

_____

Date:_____

Background: _____

_____
_____
_____
_____
_____
_____
_____
_____
_____

Date:_____
Background: _____
_____
_____
_____
_____
_____
_____
_____
_____

Date:_____

Background: _____

_____
_____
_____
_____
_____
_____
_____
_____

Date:_____

Background: _____

_____
_____
_____
_____
_____
_____
_____
_____

Date:_____

Background: _____

_____

_____

_____

_____

_____

_____

_____

_____

Date:_____

Background: _____

_____
_____
_____
_____
_____
_____
_____
_____

Date:_____

Background: _____

_____
_____
_____
_____
_____
_____
_____
_____

Date:_____

Background: _____

_____
_____
_____
_____
_____
_____
_____
_____

Date:_____

Background: _____

_____
_____
_____
_____
_____
_____
_____
_____

Date:_____

Background: _____

_____
_____
_____
_____
_____
_____
_____
_____

Date:_____

Background: _____

_____
_____
_____
_____
_____
_____
_____
_____

Date:_____
Background: _____
_____
_____
_____
_____
_____
_____
_____

Date:_____

Background: _____

_____
_____
_____
_____
_____
_____
_____
_____

Date:_____

Background: _____

_____
_____
_____
_____
_____
_____
_____
_____
_____

Date:_____

Background: _____

_____
_____
_____
_____
_____
_____
_____

Date:_____

Background: _____

_____
_____
_____
_____
_____
_____
_____
_____

Date:_____

Background: _____

_____
_____
_____
_____
_____
_____
_____
_____

Date:_____

Background: _____

_____
_____
_____
_____
_____
_____
_____
_____

Date:_____

Background: _____

_____
_____
_____
_____
_____
_____
_____
_____

Date:_____

Background: _____

_____
_____
_____
_____
_____
_____
_____
_____

Date:_____

Background: _____

_____
_____
_____
_____
_____
_____
_____
_____

Date:_____

Background: _____

_____
_____
_____
_____
_____
_____
_____
_____

Date:_____

Background: _____

_____
_____
_____
_____
_____
_____
_____
_____

Date:_____

Background: _____

_____
_____
_____
_____
_____
_____
_____
_____

Date:_____

Background: _____

_____
_____
_____
_____
_____
_____
_____
_____

Date:_____
Background: _____

_____
_____
_____
_____
_____
_____
_____

Date:_____

Background: _____

_____
_____
_____
_____
_____
_____
_____

Date:_____

Background: _____

_____
_____
_____
_____
_____
_____
_____
_____

Date:_____

Background: _____

_____
_____
_____
_____
_____
_____
_____
_____

Date:_____

Background: _____

_____
_____
_____
_____
_____
_____
_____
_____

Date:_____

Background: _____

_____
_____
_____
_____
_____
_____
_____
_____

Date:_____

Background: _____

_____
_____
_____
_____
_____
_____
_____
_____

Date:_____

Background: _____

Date:_____

Background: _____

_____

_____

_____

_____

_____

_____

_____

_____

Date:_____

Background: _____

_____
_____
_____
_____
_____
_____
_____
_____

Date:_____

Background: _____

_____
_____
_____
_____
_____
_____
_____
_____

Date:_____

Background: _____

_____
_____
_____
_____
_____
_____
_____
_____

Made in the USA
San Bernardino, CA
03 September 2015